DINO HISTORIAS

PTERANODONTE

GIGANTE DEL CIELO

DAVID WEST

ILUSTRACIONES DE TERRY RILEY Y GEOFF BALL

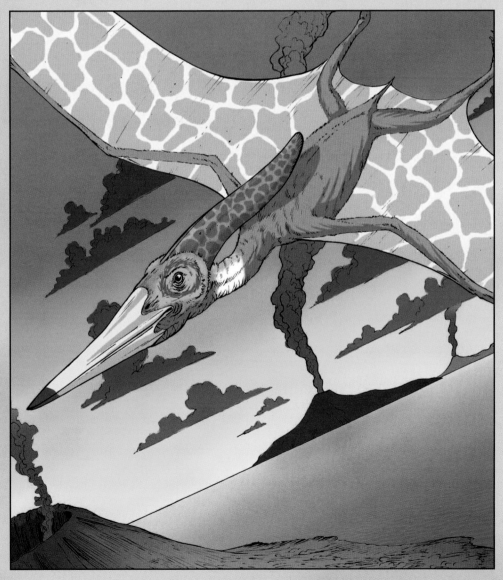

OCEANO Travesía

Editor de Océano Travesía: Daniel Goldin

PTERANODONTE. GIGANTE DEL CIELO

Título original: Pteranodon. The giant of the sky

Tradujo Juan Elías Tovar de la edición original en inglés de David West, Londres

© 2008, David West Children's Books

D.R. ©, 2009 Editorial Océano S.L.
Milanesat 21-23
Edificio Océano
08017 Barcelona, España
Tel. 93 280 20 20
www.oceano.com

D.R. ©, 2009 Editorial Océano de México, S.A. de C.V.
Blvd. Manuel Ávila Camacho 76, 10° piso
Col. Lomas de Chapultepec, Del. Miguel Hidalgo,
Código Postal 11000, México, D.F.
Tel. (55) 9178 5100
www.oceano.com.mx

PRIMERA EDICIÓN

ISBN: 978-84-494-3566-9 (Océano España)
ISBN: 978-607-400-095-5 (Océano México)

IMPRESO EN ESPAÑA / PRINTED IN SPAIN
9002615010709

CONTENIDO

¿QUÉ ES UN PTERANODONTE?

PTERANODONTE SIGNIFICA ALA SIN DIENTES O ALADO SIN DIENTES

Como en las aves de hoy en día, los huesos del pteranodonte eran huecos para ahorrar peso.

Su cuerpo estaba cubierto de pelaje o de plumas para mantenerlo abrigado.

Sus alas estaban formadas por una delgada membrana entre su cuerpo y sus brazos y dedos. Eran muy parecidas a las alas de un murciélago.

Es posible que el pteranodonte macho tuviera la cresta más grande que las hembras.

En tierra, el pteranodonte caminaba en cuatro patas con las alas dobladas hacia atrás.

Su dedo pequeño era el más largo. Iba desde su mano hasta la punta del ala.

EL PTERANODONTE VIVIÓ HACE UNOS 85 A 65 MILLONES DE AÑOS, DURANTE EL PERIODO CRETÁCICO. SE HAN ENCONTRADO FÓSILES DE SU ESQUELETO EN CASI TODO EL MUNDO. MUCHOS SE HAN ENCONTRADO EN NORTEAMÉRICA, DONDE ALGUNA VEZ HUBO UN EXTENSO MAR.

El pteranodonte tenía una envergadura de hasta 9 metros, pero sólo pesaba unos 20 kilos. Su cresta llegaba a medir hasta 90 cm de largo.

Corriente ascendente de aire caliente

Calor del sol

Ruta de vuelo

HUEVOS DE CUERO

El pteranodonte se comportaba de manera muy similar a las aves marinas de hoy. Hacía un nido y ponía huevos, aunque los últimos descubrimientos sugieren que sus huevos eran más bien como de cuero, y no tenían un cascarón duro como los huevos de un ave. Probablemente también cuidaba a sus pequeños como lo hacen las aves marinas actuales.

COMEDOR DE PESCADO

Aunque el pteranodonte podía aletear y volar como un ave, pasaba la mayor parte del tiempo montado en las corrientes ascendentes para ahorrar energía. Al igual que las aves marinas, buscaba un banco de peces y los atrapaba acercándose a la superficie del agua. Los científicos creen que es posible que haya tenido una bolsa debajo del pico, como la del pelícano.

MONTAR LAS CORRIENTES

En los días soleados, partes del mar y la tierra se calientan con el calor del sol. El aire sobre estas áreas se calienta y empieza a subir. Estas corrientes de aire que suben se llaman "corrientes ascendentes". Las grandes aves que planean, como los albatros y los buitres, reconocen estas áreas. Las usan para ganar altura volando en círculos en la corriente ascendente. Es probable que el pteranodonte hiciera lo mismo.

Pelícano

PRIMERA PARTE...

LAS CRÍAS

ESTAMOS HACE UNOS 69 MILLONES DE AÑOS, EN EL PERIODO CRETÁCICO. UNA GRAN COLONIA DE PTERANODONTES TIENE SUS NIDOS EN UNA PEQUEÑA ISLA. ES UNA DE LAS MUCHAS ISLAS QUE SE ENCUENTRAN POR TODO EL MAR POCO PROFUNDO QUE HAY EN NORTEAMÉRICA.

aaark

aaark

aaark

LA ISLA LOS PROTEGE DE LOS DINOSAURIOS CARNÍVOROS QUE RECORR TIERRA FIRME. EN LA LEJANA ORILLA, UN GRUPO DE MAIASAURAS DIRIGE HACIA LOS FRONDOSOS PANTANOS PARA COMER.

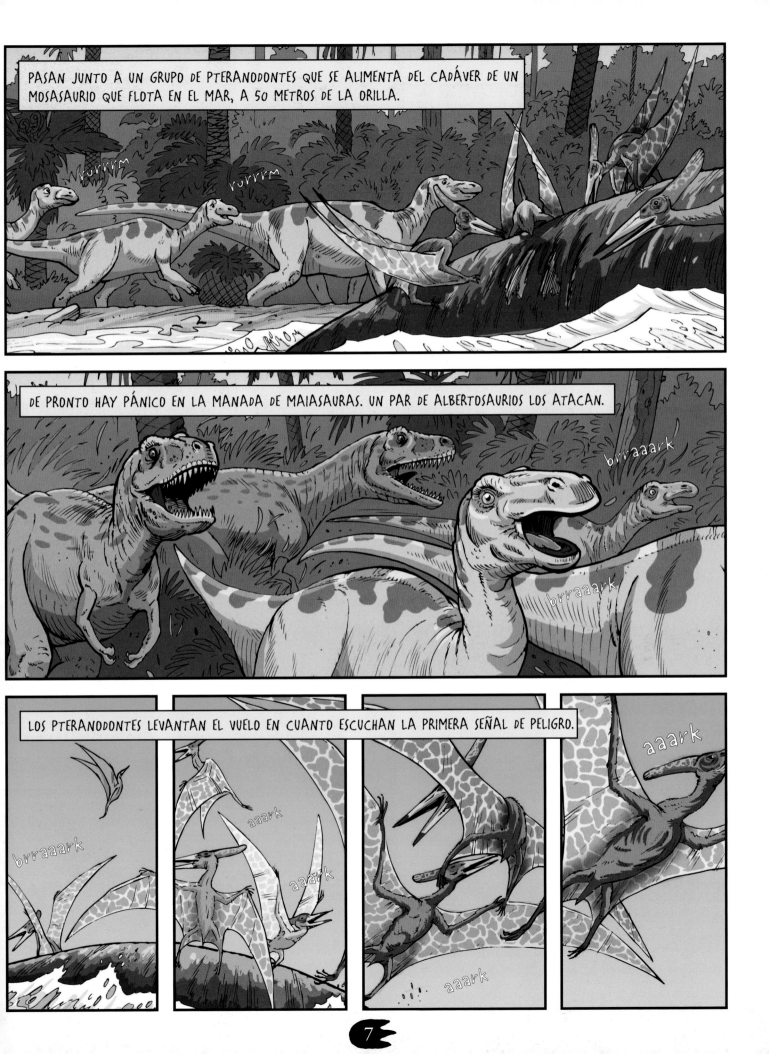

EN UN NIDO EN LA ISLA, UNA MADRE PTERANODONTE PROTEGE SUS HUEVOS.

snap

LOS LAGARTOS NO SON LOS ÚNICOS ANIMALES QUE ESTÁN BUSCANDO UNA COMIDA FÁCIL.

plop

wheet

wheet

AVES ANTIGUAS LLAMADAS ICTIORNIS SOBREVUELAN EL NIDO. ESTÁN ESPERANDO QUE LOS HUEVOS QUEDEN DESPROTEGIDOS PARA BAJAR A ROBARLOS.

UNO DE LOS HUEVOS SE EMPIEZA A MOVER...

LA MADRE LO EMPUJA SUAVEMENTE CON EL PICO PARA AYUDAR A LA CRÍA QUE ESTÁ DENTRO.

DE PRONTO EL PICO ATRAVIESA EL CASCARÓN, Y LUEGO LA CABEZA, CONFORME SE HACE MÁS GRANDE EL AGUJERO EN EL HUEVO. DESPUÉS DE VARIOS MINUTOS DE BATALLAR, LA CRÍA DE PTERANODONTE FINALMENTE LOGRA SALIR.

dweep

9

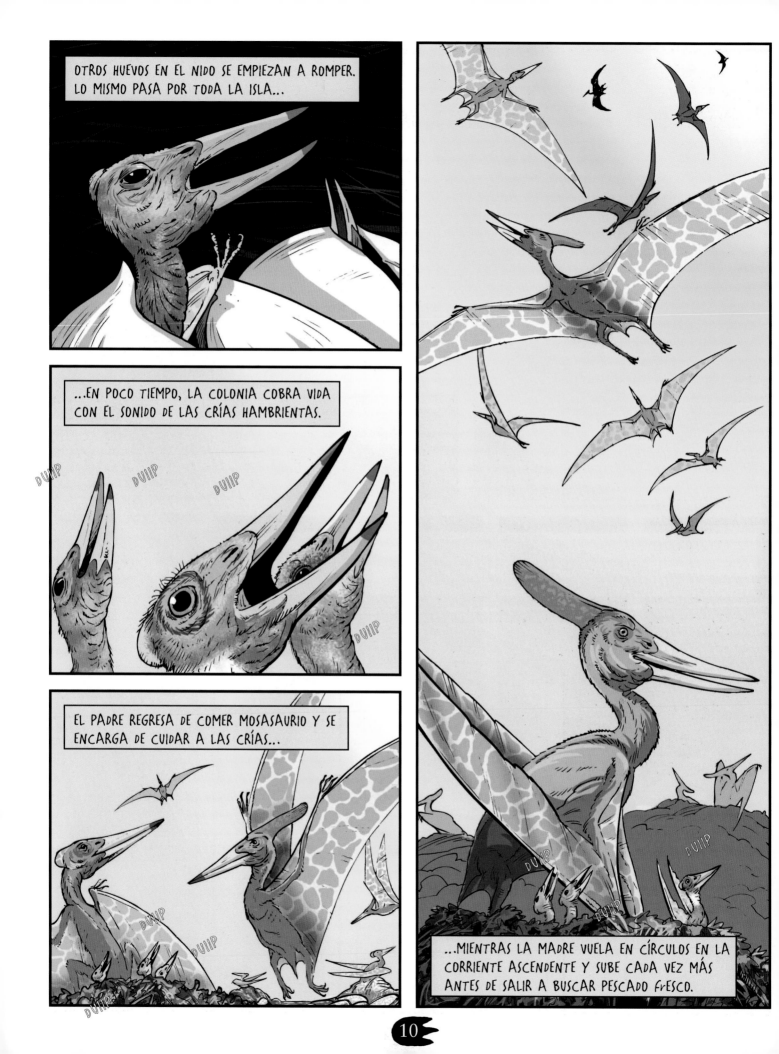

OTROS HUEVOS EN EL NIDO SE EMPIEZAN A ROMPER.
LO MISMO PASA POR TODA LA ISLA...

...EN POCO TIEMPO, LA COLONIA COBRA VIDA
CON EL SONIDO DE LAS CRÍAS HAMBRIENTAS.

EL PADRE REGRESA DE COMER MOSASAURIO Y SE
ENCARGA DE CUIDAR A LAS CRÍAS...

...MIENTRAS LA MADRE VUELA EN CÍRCULOS EN LA
CORRIENTE ASCENDENTE Y SUBE CADA VEZ MÁS
ANTES DE SALIR A BUSCAR PESCADO FRESCO.

SIN QUE EL PADRE SE DE CUENTA, UNA DE LAS CRÍAS CAE DEL NIDO...

...UN LAGARTO INTENTA LLEVÁRSELA ARRASTRANDO.

EL PADRE LO VE Y SALTA PARA RESCATARLA PERO LA CRÍA YA ESTÁ MUERTA.

EL PADRE DEJÓ EL NIDO DESPROTEGIDO Y UN ICTIORNIS SE ROBA OTRA CRÍA.

EL PADRE REGRESA AL NIDO PARA PROTEGER A LA ÚNICA CRÍA QUE SOBREVIVE.

CUANDO LA MADRE REGRESA, ENCUENTRA QUE SÓLO TIENE UNA BOCA HAMBRIENTA QUE ALIMENTAR.

SEGUNDA PARTE... EL PRIMER VUELO

HAN PASADO VARIOS MESES. EL PEQUEÑO PTERANODONTE YA ES DEMASIADO GRANDE PARA QUE LO MOLESTEN LOS PÁJAROS O LOS LAGARTOS. SE PUEDE QUEDAR SOLO. MIENTRAS TANTO AMBOS PADRES VAN A BUSCAR COMIDA.

aaaark

EL AGUA ALREDEDOR DE LA ISLA SE HA LLENADO DE ELASMOSAURIOS. SUS LARGOS CUELLOS SALEN DEL MAR COMO GUSANOS GIGANTES. UN AVE QUE VUELA BAJO ES DEVORADA EN EL AIRE.

aaaark

aaaark

ALGUNAS DE LAS CRÍAS DE PTERANODONTE EJERCITAN SUS ALAS. LAS ESTIRAN, PREPARÁNDOSE PARA UNA VIDA EN EL AIRE.

UNA RÁFAGA DE VIENTO REPENTINA LES GOLPEA LAS ALAS Y ELEVA A ALGUNOS.

ALGUNAS DE LAS CRÍAS PIERDEN EL EQUILIBRIO Y CAEN, PERO OTRAS LOGRAN MANTENERLO Y FLOTAN SUAVEMENTE DE REGRESO A SUS NIDOS.

UNA RÁFAGA MÁS FUERTE LEVANTA A VARIAS CRÍAS. NUESTRO SOBREVIVIENTE ES UNA DE ELLAS Y MANTIENE BIEN EL EQUILIBRIO. SIENTE EL AIRE QUE VA SUBIENDO E INCLINA SUS ALAS PARA MECERSE EN LA CORRIENTE ASCENDENTE. VUELA EN CÍRCULOS MÁS Y MÁS ALTO. OTRAS CRÍAS DE PTERANODONTE VUELAN CON ÉL.

PERO HAY ALGUNAS QUE NO SE ATREVEN...

...SE SALEN DE LA CORRIENTE ASCENDENTE Y PLANEAN MUY CERCA DEL AGUA.

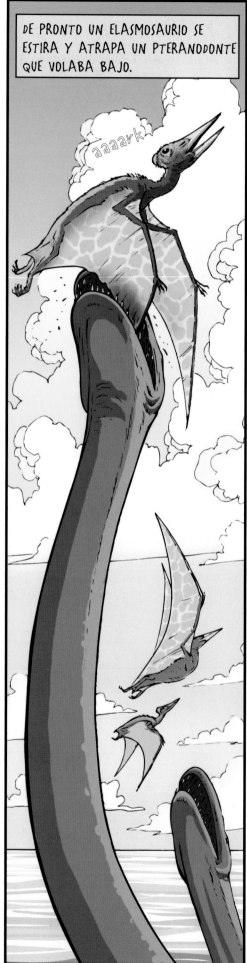

DE PRONTO UN ELASMOSAURIO SE ESTIRA Y ATRAPA UN PTERANODONTE QUE VOLABA BAJO.

aaaark

EL MAR COBRA VIDA CON LOS ELASMOSAURIOS DEVORANDO A LAS CRÍAS DE PTEROSAURIO QUE VUELAN BAJO.

NUESTRA CRÍA SE QUEDA EN LA CORRIENTE ASCENDENTE. PLANEA CADA VEZ MÁS ALTO. VE A OTROS PTERANODONTES ELEVARSE EN LAS CORRIENTES ASCENDENTES DE LAS ISLAS CERCANAS.

EL JOVEN PTERANODONTE VUELA SIN DIFICULTAD. SU CEREBRO TIENE UNA PARTE DESTINADA A CONTROLAR SUS GRANDES ALAS DURANTE EL VUELO.

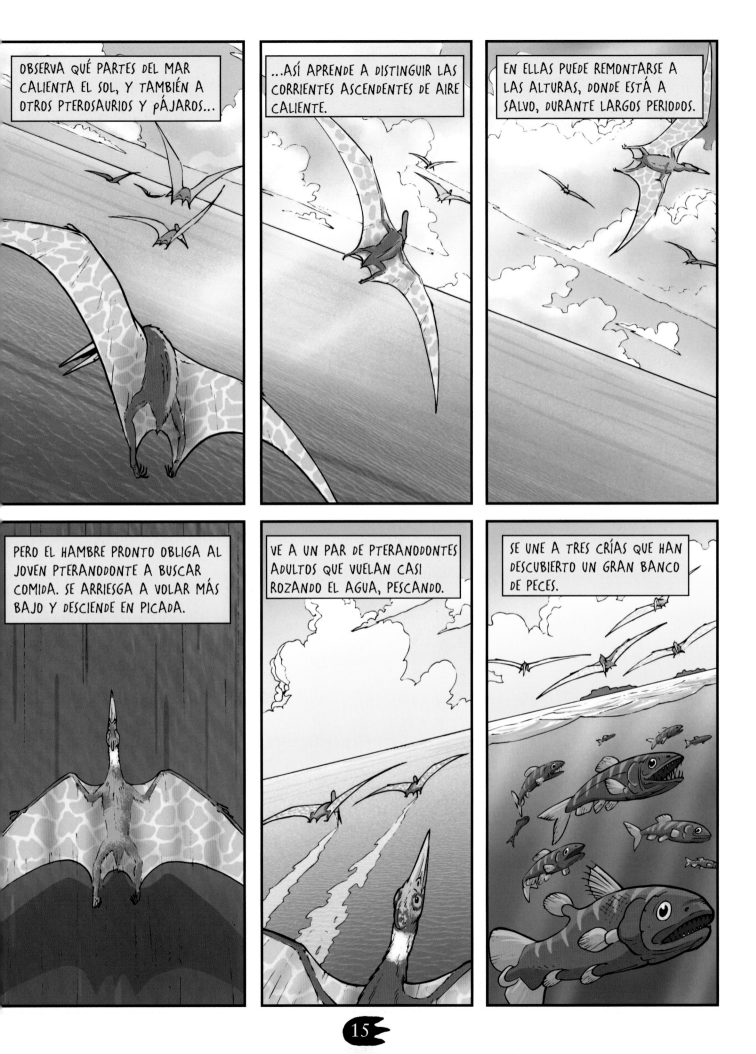

OBSERVA QUÉ PARTES DEL MAR CALIENTA EL SOL, Y TAMBIÉN A OTROS PTEROSAURIOS Y PÁJAROS...

...ASÍ APRENDE A DISTINGUIR LAS CORRIENTES ASCENDENTES DE AIRE CALIENTE.

EN ELLAS PUEDE REMONTARSE A LAS ALTURAS, DONDE ESTÁ A SALVO, DURANTE LARGOS PERIODOS.

PERO EL HAMBRE PRONTO OBLIGA AL JOVEN PTERANODONTE A BUSCAR COMIDA. SE ARRIESGA A VOLAR MÁS BAJO Y DESCIENDE EN PICADA.

VE A UN PAR DE PTERANODONTES ADULTOS QUE VUELAN CASI ROZANDO EL AGUA, PESCANDO.

SE UNE A TRES CRÍAS QUE HAN DESCUBIERTO UN GRAN BANCO DE PECES.

VOLAR AL RAS DEL AGUA ES DIFÍCIL PARA LAS CRÍAS. IMITAN LO QUE HACEN LOS ADULTOS Y HUNDEN LA PARTE INFERIOR DEL PICO EN EL AGUA...

...UNO DE ELLOS CALCULA MAL UNA OLA Y SE ESTRELLA EN EL MAR.

LOS OTROS TRES VUELAN A LA PLAYA, EXHAUSTOS, DONDE HACEN SU PRIMER ATERRIZAJE.

AQUÍ ENCUENTRAN CRÍAS DE ARCHELON, LA ANTIGUA TORTUGA MARINA, QUE ACABAN DE SALIR DE SUS HUEVOS Y SE DIRIGEN AL MAR. SON UNA COMIDA DELICIOSA PARA LOS JÓVENES PTERANODONTES QUE ESTÁN MUERTOS DE HAMBRE.

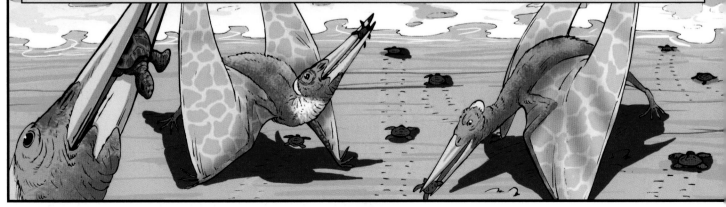

PERO LA PLAYA NO ES UN LUGAR SEGURO COMO LA ISLA. UN PTERANODONTE DA UN GRAZNIDO DE ADVERTENCIA.

UN GRUPO DE DROMEOSAURIOS VIENE POR LA PLAYA A ATACARLOS.

LAS CRÍAS LOGRAN DESPEGAR...

...JUSTO A TIEMPO.

SE ACERCA LA NOCHE Y SE VAN A DORMIR A UNA PEQUEÑA ISLA DONDE ESTARÁN A SALVO.

UNA DE LAS OTRAS DOS CRÍAS TAMBIÉN ATRAPÓ UN PEZ. LOS DOS SE DIRIGEN VOLANDO A UNA FORMACIÓN DE ROCAS A COMERSE SU PESCA.

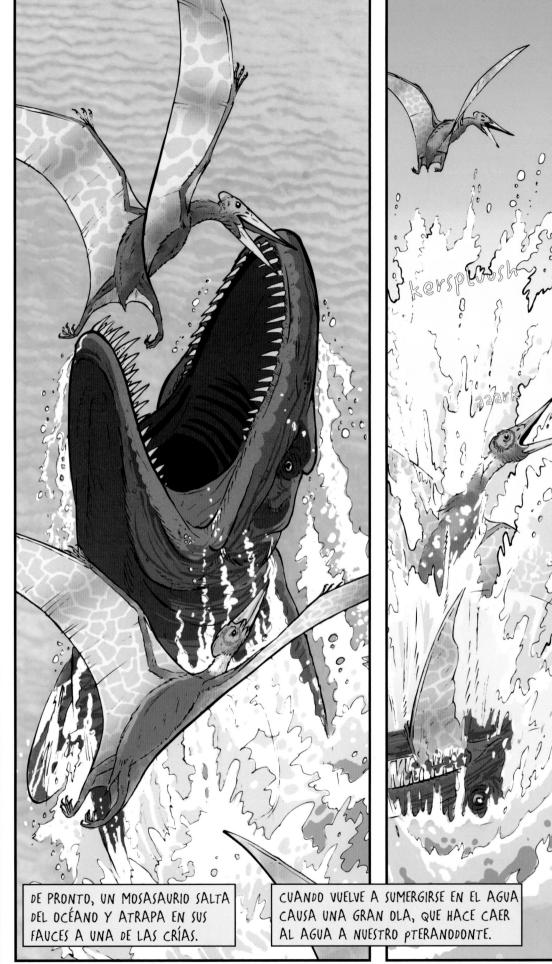

DE PRONTO, UN MOSASAURIO SALTA DEL OCÉANO Y ATRAPA EN SUS FAUCES A UNA DE LAS CRÍAS.

CUANDO VUELVE A SUMERGIRSE EN EL AGUA CAUSA UNA GRAN OLA, QUE HACE CAER AL AGUA A NUESTRO PTERANODONTE.

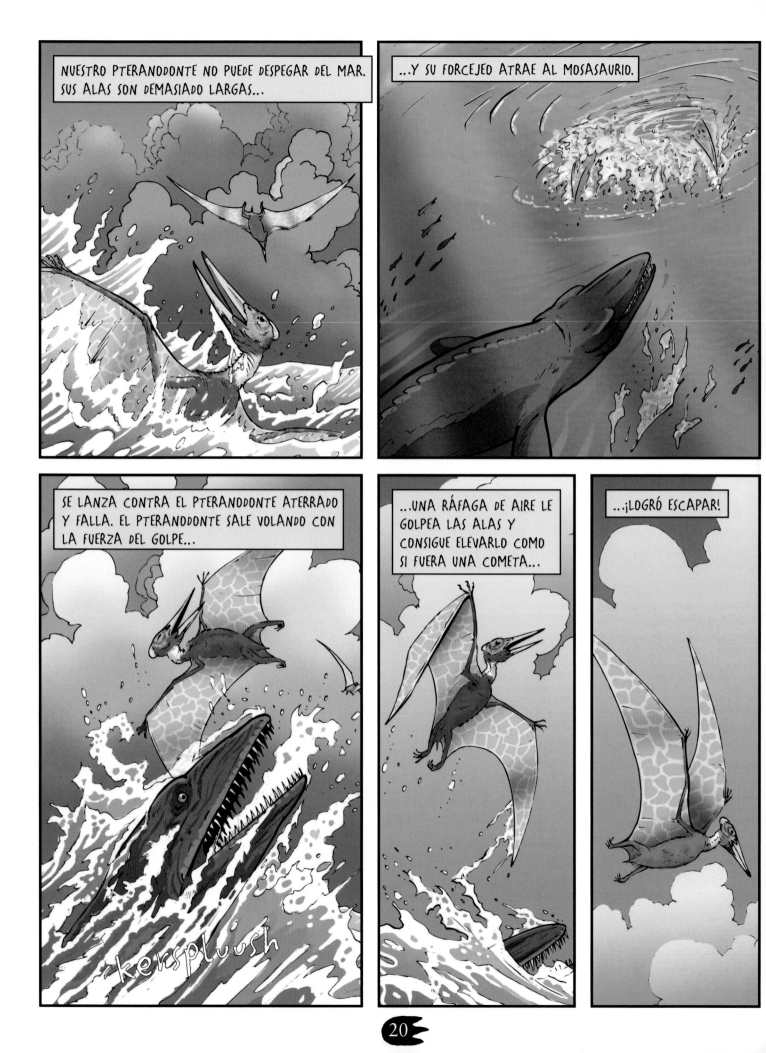

NUESTRO PTERANODONTE NO PUEDE DESPEGAR DEL MAR. SUS ALAS SON DEMASIADO LARGAS...

...Y SU FORCEJEO ATRAE AL MOSASAURIO.

SE LANZA CONTRA EL PTERANODONTE ATERRADO Y FALLA. EL PTERANODONTE SALE VOLANDO CON LA FUERZA DEL GOLPE...

...UNA RÁFAGA DE AIRE LE GOLPEA LAS ALAS Y CONSIGUE ELEVARLO COMO SI FUERA UNA COMETA...

...¡LOGRÓ ESCAPAR!

kerspluush

PERO NO ESTÁ FUERA DE PELIGRO. ESA RÁFAGA REPENTINA DE VIENTO ES EL PRINCIPIO DE UNA TORMENTA QUE SE HA FORMADO RÁPIDAMENTE SOBRE EL MAR.

EL CIELO SE OSCURECE DE PRONTO. LOS RAYOS TRUENAN ALREDEDOR DE LOS DOS PTERANODONTES.

LA FUERTE LLUVIA Y LAS RÁFAGAS DE VIENTO AMENAZAN CON ESTRELLARLOS CONTRA EL MAR.

MIENTRAS LUCHAN POR MANTENERSE EN EL AIRE, LOS DOS PTERANODONTES SE SEPARAN.

DÉBIL Y CANSADO, NUESTRO PTERANODONTE ES DERRIBADO POR UNA FUERTE RÁFAGA Y PIERDE EL CONOCIMIENTO.

craaash

CUANDO DESPIERTA DESCUBRE QUE ESTÁ ENREDADO EN LAS RAMAS DE UN ÁRBOL AL BORDE DE UN PRECIPICIO. LA TORMENTA YA PASÓ Y FUE ARROJADO BASTANTE LEJOS TIERRA ADENTRO.

PEOR AÚN, BAJO EL ÁRBOL HAY UN JOVEN TIRANOSAURIO ALIMENTÁNDOSE DE UN CADÁVER.

EL PTERANODONTE LUCHA POR LIBERARSE Y CAE ENCIMA DEL TIRANOSAURIO.

guorg

yaaark

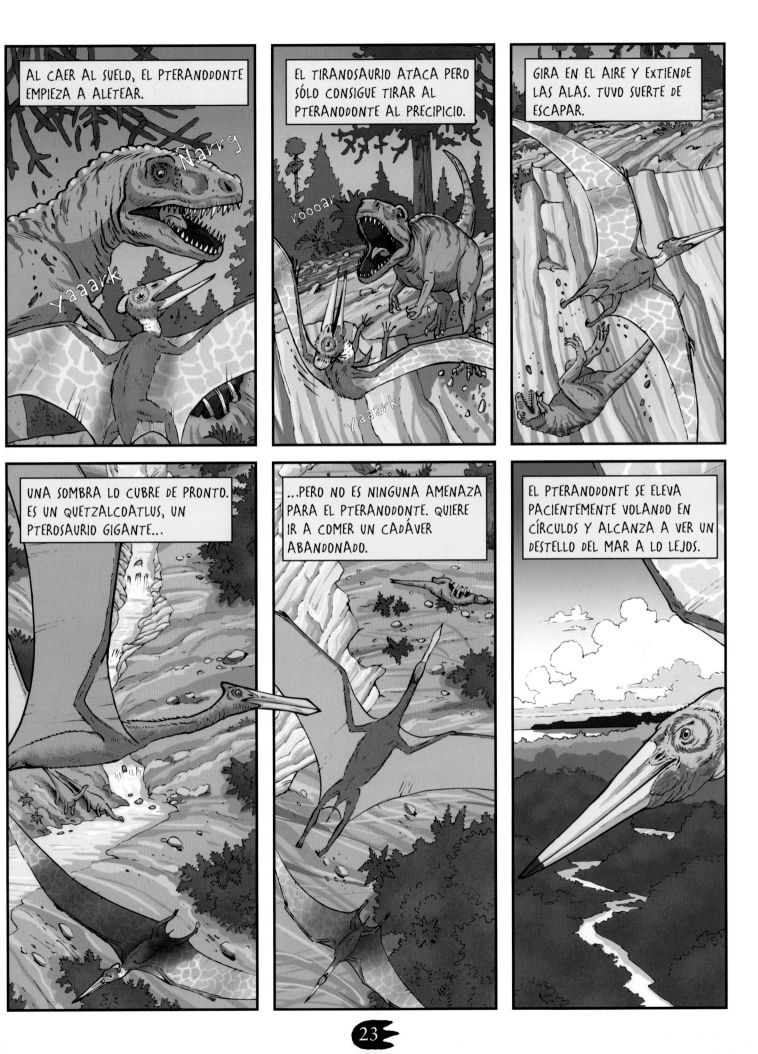

AL CAER AL SUELO, EL PTERANODONTE EMPIEZA A ALETEAR.

EL TIRANOSAURIO ATACA PERO SÓLO CONSIGUE TIRAR AL PTERANODONTE AL PRECIPICIO.

GIRA EN EL AIRE Y EXTIENDE LAS ALAS. TUVO SUERTE DE ESCAPAR.

UNA SOMBRA LO CUBRE DE PRONTO. ES UN QUETZALCOATLUS, UN PTEROSAURIO GIGANTE...

...PERO NO ES NINGUNA AMENAZA PARA EL PTERANODONTE. QUIERE IR A COMER UN CADÁVER ABANDONADO.

EL PTERANODONTE SE ELEVA PACIENTEMENTE VOLANDO EN CÍRCULOS Y ALCANZA A VER UN DESTELLO DEL MAR A LO LEJOS.

23

HAN PASADO VARIOS AÑOS. EL PTERANODONTE YA ES ADULTO. TIENE UNA ENVERGADURA DE 9 METROS Y UNA GRAN CRESTA QUE EMPIEZA A COLOREARSE.

EL SOL DE LA MADRUGADA HACE QUE EL CIELO POLVORIENTO BRILLE EN TONOS ROJOS Y ANARANJADOS. EL HUMO DE LOS VOLCANES LEJANOS SUBE EN COLUMNAS

EN TRES AÑOS EL PTERANODONTE HA VIAJADO MUCHOS MILES DE KILÓMETROS SOBRE EL MAR POCO PROFUNDO, MUY LEJOS DEL LUGAR DONDE NACIÓ...

...PERO AHORA SIENTE UN IMPULSO NATURAL DE REGRESAR A LA ISLA DONDE NACIÓ.

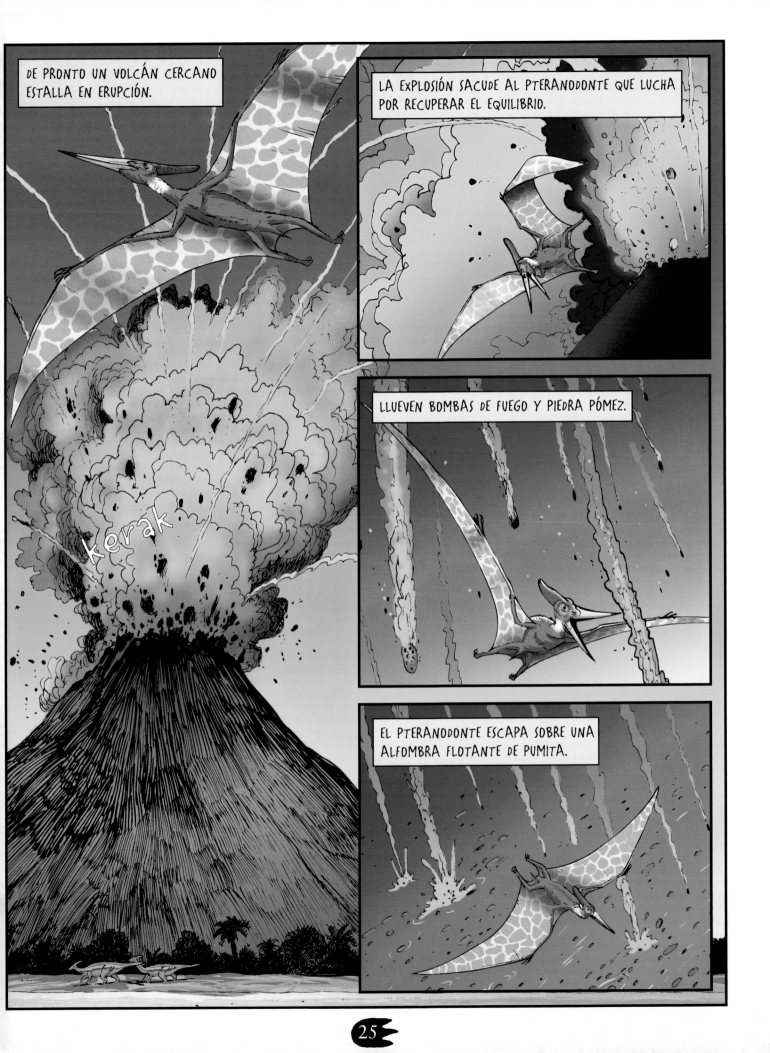

DE PRONTO UN VOLCÁN CERCANO ESTALLA EN ERUPCIÓN.

LA EXPLOSIÓN SACUDE AL PTERANODONTE QUE LUCHA POR RECUPERAR EL EQUILIBRIO.

LLUEVEN BOMBAS DE FUEGO Y PIEDRA PÓMEZ.

EL PTERANODONTE ESCAPA SOBRE UNA ALFOMBRA FLOTANTE DE PUMITA.

EL PTERANODONTE NO FUE HERIDO DE GRAVEDAD. ESA NOCHE SE POSA EN EL ESPINAZO DE UN ESQUELETO DE ELASMOSAURIO QUE ESTÁ A POCA DISTANCIA DE LA PLAYA. OBSERVA A UN GRUPO DE JÓVENES DIDELPHODONES QUE JUEGA EN LA PLAYA BAJO EL SOL DE LA TARDE.

CERCA, EN EL AGUA, UNOS CUANTOS HESPERORNIS NADAN DE VUELTA A SUS NIDOS.

DE PRONTO EL AGUA SE AGITA Y UN XIPHACTINUS EMERGE Y ATRAPA UN AVE.

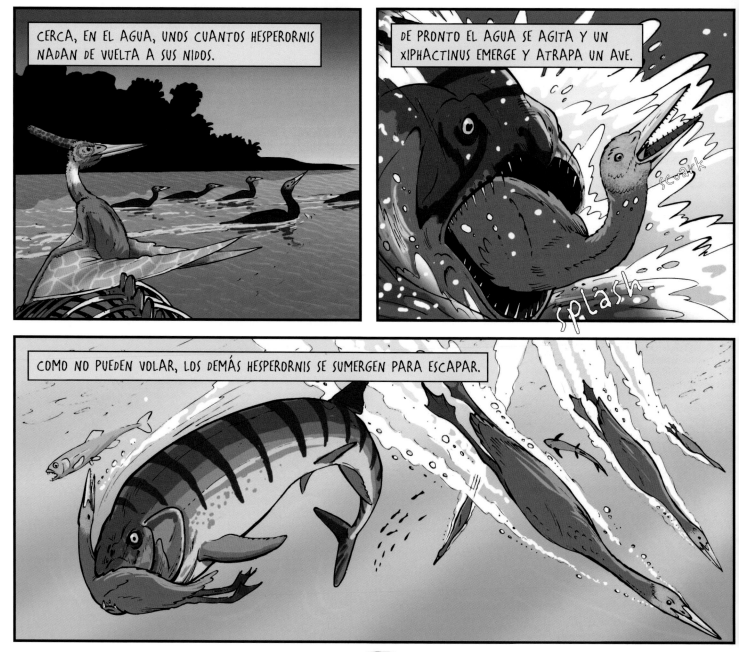

COMO NO PUEDEN VOLAR, LOS DEMÁS HESPERORNIS SE SUMERGEN PARA ESCAPAR.

OSCURECE Y SALEN LAS ESTRELLAS. CERCA, LA SUPERFICIE DEL AGUA SE AGITA...

...ES UN ARCHELON, UNA TORTUGA ANTIGUA.

LENTAMENTE ARRASTRA SU ENORME CUERPO A LA PLAYA. HA VENIDO A HACER UN HOYO PARA PONER SUS HUEVOS.

YA CASI AMANECE CUANDO EMPRENDE EL CAMINO DE VUELTA AL MAR.

AL LLEGAR EL ALBA EL PTERANODONTE HA DESCANSADO SUFICIENTE. DESPEGA CON LA BRISA PARA SEGUIR SU CAMINO A CASA.

EL PTERANODONTE PLANEA EN LAS CORRIENTES ASCENDENTES. LLEVA DOS SEMANAS DE VIAJE, SÓLO SE DETIENE A DESCANSAR. HOY VE BANDADAS DE ICTIORNIS QUE VUELAN EN LA MISMA DIRECCIÓN.

PRONTO ES MEDIODÍA. SU AGUDA VISTA DISTINGUE PUNTOS EN LA DISTANCIA. CUANDO SE ACERCA, RECONOCE SU FORMA...

SON OTROS PTERANODONTES.

POCO DESPUÉS LLENAN EL CIELO. COMO ÉL, HAN VUELTO A LAS ISLAS A PROCREAR.

EL PTERANODONTE RECONOCE SU ISLA Y ATERRIZA ENTRE LOS MACHOS QUE COMPITEN POR UNA HEMBRA.

SE UNE A ELLOS EXHIBIENDO SU COLORIDA CRESTA. PRONTO ATRAERÁ A UNA HEMBRA QUE PONDRÁ HUEVOS. CUANDO LAS CRÍAS SALGAN DEL CASCARÓN Y DEJEN EL NIDO, SE IRÁ OTRA VEZ A SU SOLITARIO VIAJE. PERO UNA VEZ AL AÑO, POR EL RESTO DE SU VIDA, VOLVERÁ A ESTA ISLA A PROCREAR.

LOS RESTOS FÓSILES

TENEMOS UNA IDEA BASTANTE CLARA DE CÓMO ERAN LOS DINOSAURIOS POR EL ESTUDIO DE SUS RESTOS FÓSILES. LOS FÓSILES SE FORMAN CUANDO LAS PARTES DURAS DE UN ANIMAL O PLANTA QUEDAN ENTERRADAS Y SE VUELVEN ROCA A LO LARGO DE MILLONES DE AÑOS.

Se han encontrado muchos fósiles de pteranodonte en capas de roca que fueron el fondo de un antiguo mar. Un fósil tenía huesos de pescado en el estómago, lo que sugiere que pasaban su vida volando sobre el mar y pescando, como las aves marinas modernas.

En 2004 se encontró en China un huevo fosilizado que tenía dentro un embrión fósil de pterosaurio. El huevo tenía el mismo volumen que un huevo de gallina, pero el cascarón parecía estar hecho de un material parecido al cuero.

Los científicos incluso han podido examinar la cavidad cerebral de pterosaurios fósiles. Los resultados muestran que sus cerebros tenían áreas específicas para controlar sus enormes alas. Esto sugiere que volaban bien.

Los fósiles han dado indicios de vasos sanguíneos en la gran cresta del pteranodonte. Los científicos creen que la cresta puede haber funcionado como el radiador de un auto, para enfriar al pteranodonte, y también para atraer a una hembra durante el apareamiento.

GALERÍA DE ANIMALES

TODOS ESTOS ANIMALES APARECEN EN LA HISTORIA

Ictiornis
"Pez pájaro"
Longitud: 20 cm
Ave marina con un pico
con dientes.

Hesperornis
"Pájaro del oeste"
Longitud: 1,5 m
Ave marina grande que
no volaba.

Didelphodon
"Dos dientes de matriz"
Longitud: 1 m
Pequeño mamífero carnívoro.

Xiphactinus
"Aleta de espada"
Longitud: 6 m
Veloz pez predador.

Archelon
"Tortuga vieja"
Longitud: 4 m
Antigua tortuga de
gran tamaño.

Dromeosaurio
"Reptil corredor"
Longitud: 1,8 m
Pequeño y veloz raptor.

Elasmosaurio
"Lagarto de coraza delgada"
Longitud: 14 m
Reptil marino de cuello largo.

Mosasaurio
"Lagarto de Meuse"
Longitud: 15 m
Reptil marino predador
de gran tamaño.

Quetzalcoatlus
Llamado así por la deidad
azteca Quetzalcóatl.
Envergadura: 12 m
El pterosaurio más grande
que se conoce.

Maiasaura
"Lagarto buena madre"
Longitud: 9 m
Dinosaurio herbívoro
de gran tamaño.

Tiranosaurio
"Lagarto tirano"
Longitud: 12 m
Dinosaurio carnívoro de
enorme tamaño.

Albertosaurio
"Lagarto de Alberta"
Longitud: 9 m
Dinosaurio carnívoro
de gran tamaño.

GLOSARIO

Colonia   Grupo de animales que viven juntos.

Cría   Animal joven recién salido del huevo o que aún se está criando.

Envergadura   Distancia que hay de la punta de un ala a la otra.

Fósiles   Restos de seres vivos que se convirtieron en piedra.

Periodo cretácico   Periodo de tiempo que va desde hace 146 millones hasta hace 65 millones de años.

Piedra pómez   Piedra ligera que arrojan los volcanes, también llamada pumita. Es tan ligera que flota en el agua.

Predador   Animal que caza a otros animales para comer.

Pterosaurio   Nombre general para los reptiles voladores, significa "lagarto alado"

ÍNDICE